HELSINKI · HELSINGFORS

HELSINKI·HELSINGFORS

ANJA LAANIO

TEKSTI · TEXT TIINA RAUTKORPI

KUSTANNUSOSAKEYHTIÖ TAMMI
HELSINKI

Taitto layout Ulla Vuorinen
Översättning Henrik Ekberg
Übersetzung Gisbert Jänicke
Translation Ian Taylor

© Anja Laanio 1992
Painanut Tammer-Paino Oy, Tampere 1992
ISBN 951-30-9955-5

Väitetään, että kaupunki, ihmisten yhteenkeräytymä, syntyy aina tavalla tai toisella ihmisen tahdosta. Juhlapuheissa kiitetään kaupungin perustajaa tai sen kehittäjiä, mutta useimpien kaupunkien kehityksen todellinen ohjaaja on välttämättömyyden pakko, jonka sanelevat esimerkiksi kaupungin sijainti tai luonnonolot. Kaupungit on kautta historian perustettu paikkoihin, jonne on helppo kuljettaa elämiselle välttämättömiä tarvikkeita ja josta on helppo itse lähteä elantoa hankkimaan. Taitoa ja kekseliäisyyttä osoittaa se, joka osaa sopeutua vallitseviin oloihin ja käyttää niitä hyväkseen.

Helsinki kuuluu pääkaupunkeihin, jotka synnytti mahtihallitsijan selväsanainen käsky. Ruotsin kuningas Kustaa Vaasa perusti Helsingin vuonna 1550

Det sägs att staden, en sammangyttring av människor, alltid på ett eller annat sätt uppkommit genom en mänsklig viljeakt. Stadens grundare eller dess utvecklare prisas i festtalen, men beträffande flertalet städer är ofrånkomlighetens tvång det som i själva verket styr utvecklingen, ett tvång som i sin tur dikteras av läget och naturförhållandena. Städer har alltid brukat anläggas på platser där transport av oumbärliga livsförnödenheter lätt har kunnat ordnas och där det inte har varit förenat med svårigheter att skaffa sig en utkomst. Skicklighet och uppfinningsrikedom visas av den som inte bara förmår anpassa sig till de rådande förhållandena, utan även utnyttja dem.

Helsingfors hör till de huvudstäder som har uppstått genom en

It is claimed that a city, an accumulation of people, is always born, in one way or another, as a result of someone's express wishes. The founder of a city or those who helped develop it are praised in speeches, but the real force behind the development of many cities is nonetheless necessity, which is engendered by, for instance, the city's location or the physical conditions. Throughout history cities have been founded in places within easy access of goods vital for subsistence and within easy reach of a livelihood. A city which is able to adapt to the prevailing circumstances and to take advantage of them exhibits its skill and inventiveness.

Helsinki is one of those capital cities which owe their origins to the clear orders of powerful rulers. The

Man sagt, die Entstehung einer Stadt als Menschenkonglomerat geschehe immer, auf die eine oder die andere Weise, aus menschlichem Willen heraus. In Festreden dankt man dem Gründer der Stadt oder denen, die zu ihrer Entwicklung beigetragen haben. Doch bei den meisten Städten liegt hinter der tatsächlichen Entwicklung ein Zwang der Notwendigkeit, das Diktat natürlicher Lage und Naturverhältnisse. Städte entstehen seit jeher an transportgünstigen Stellen, leicht hinzukommen für die Fracht lebensnotwendiger Güter, leicht wegzukommen zur Beschaffung des Lebensunterhalts. Ein Zeichen für Können und Erfindungsgabe ist es, daß ein Teil der Menschen sich den Verhältnissen anpaßt und sie auszunützen versteht.

idänkaupan satamaksi, Venäjän keisari Aleksanteri I teki siitä vuonna 1812 Suomen autonomisen suuriruhtinaskunnan pääkaupungin. Luonto on sekä luonut lähtökohdat että asettanut aidat ihmisen tahdolle. Vaikka kaupunki onnistuttiin rakennustekniikan rajoja uhmaten rakentamaan suomaastoon, niemekkeellä ei ole riittänyt loputtomasti tilaa jaettavaksi. Ydin on kutonut ympärilleen naapurikaupunkien ja -kuntien verkon, Suur-Helsingin, jonka alueella asuu nykyisin jo miljoona ihmistä, noin viidennes kaikista suomalaisista.

Senaatintorista ja sitä ympäröivistä uusklassisista rakennuksista muotoiltiin 1800-luvulla vaatimattoman pääkaupungin mahtipontinen sydän. Arkkitehti C.L. Engelin suunnittelemaa yliopiston ja valtioneuvoston

potentats uttryckliga påbud. Sveriges konung Gustav Vasa grundade Helsingfors år 1550 i avsikt att skapa en hamn för handeln österut, och Rysslands kejsare Alexander I upphöjde år 1812 orten till huvudstad i det autonoma storfurstendömet. Naturen har både skänkt utgångspunkterna och skapat ramarna för människans vilja. Även om man genom att uttnyttja byggnadsförmågan till det yttersta lyckades uppföra staden på myrmarkerna, har udden inte i längden kunnat erbjuda det utrymme som behövs. Kring kärnan har det uppstått ett nät av grannstäder och -kommuner, ett Storhelsingfors, som redan i dag hyser en miljon invånare, en femtedel av hela landets befolkning.

Senatstorget, flankerat av byggnader i

Swedish king Gustavus Vasa founded the city in 1550 as a harbour for eastern trade, and Czar Alexander I of Russia made it the capital of the autonomous Grand Duchy of Finland in 1812. The physical realities not only dictated the decision to found the city here, but have also set limits on the city's development. Although the city was successfully built on marshy ground, defying the limits of building techniques, space on the tongue of land is confined. The centre of the city has gathered around itself a web of neighbouring towns and cities, Greater Helsinki, which today has a population of one million, about a fifth of the population of Finland.

In the nineteenth century the Senate Square, with the neoclassical buildings sur-

Helsinki gehört zu den Hauptstädten, die durch ausgesprochenen Herrscherwillen entstanden sind. 1550 gründete der schwedische König Gustav Wasa die Stadt als Hafen für den schwedischen Osthandel, 1812 machte der russische Kaiser Alexander I. sie zur Hauptstadt des autonomen Großfürstentums Finnland. Die Natur hat dem menschlichen Willen Ausgangspunkte gegeben, aber auch Grenzen gesetzt. Obwohl es gelang, bautechnischen Schwierigkeiten zum Trotz, die Stadt auf sumpfigem Gelände zu errichten, begrenzte die Halbinsel, auf der sie liegt, ihr natürliches Wachstum. So enstand um ihren Kern herum allmählich ein Netz von Nachbargemeinden, und in dieser Region Groß-Helsinki leben heute eine Million Menschen, rakennusten kokonaisuutta hallitsee korokkeelta taivasta kohti kurottava tuomiokirkko. Torin keskelle on pystytetty muistomerkki Suomen itsehallinnon kehittäjälle, Venäjän keisari Aleksanteri II:lle. Kauniina kesäpäivänä sinnikäs kävelijä palkitaan. Torin laidasta näkymää hallitsevat rakennusten pysty- ja vaakalinjat, pyöreämuotoiset istutukset ja niiden värejä peilaavat pilvet, portaiden ylätasanteelta aukeaa Helsingin niemeä ympäröivä aurinkoinen merimaisema koko loistossaan.

Helsinki on mittasuhteiltaan sopusuhtainen, kauempaa katsoen tyylikkään viileä, mutta lähempää tarkastellen lapsekkaan aito ja avomielinen. Kaupungin nuoruus näkyy siinä, että sen asukkaat eivät aina tiedä, miten tervehtiä toisesta kulttuurista tullutta. Mutta

nyklassisk stil, danades på 1800-talet till ett pompöst centrum för den obetydliga huvudstaden. Den av arkitekt C.L. Engel planerade helheten med universitet och statsrådsborgen domineras av den mot himlen strävande domkyrkan uppe på sin plattform. Mitt på torget står statyn över självstyrelsens främjare, ryske kejsaren Alexander II. Under vackra sommardagar får den trägne vandraren lön för mödan. På torgnivån präglas vyn av byggnadernas horisontal- och vertikallinjer, av planteringarnas runda profiler och molnen som speglar deras färger. Från den högsta trappavsatsen öppnar sig havsvyerna kring stadsudden i hela sin glans.

Helsingfors är harmoniskt till sina proportioner, på avstånd betraktat en svalt ele-

rounding it, was made into the grandiose heart of the otherwise modest capital city. The university buildings and the Government Palace, all designed by architect C.L. Engel, are dominated by the cathedral which reaches towards the sky from its platform. A monument to the memory of Czar Alexander II of Russia, who advanced Finnish self-government, has been erected in the centre of the square. On a fine spring day the persevering walker is rewarded: the view from the side of the square is dominated by the vertical and horizontal lines of the buildings, the circular flower borders and the clouds which reflect their colours, and from the highest point of the steps the sunny seascape surrounding the promontory on which Helsinki stands

ein Fünftel der finnischen Bevölkerung. Anfang des 19. Jahrhunderts erhielt die bis dahin anspruchslose Hauptstadt mit dem Senatsplatz und seiner Umgebung ein pompöses Herz. Die Gesamtheit aus Universität und Staatsrat, entworfen von dem deutschen Architekten C.L. Engel, wird von dem sich zum Himmel erhebenden Dom überragt. Auf dem Platz steht das Denkmal des russischen Kaisers Alexander II., der einst Finnlands Autonomie bestätigte. An sonnigen Sommertagen erhält der beharrliche Spaziergänger seinen Lohn. Vom Platz selbst ist die Aussicht von Horizontalen und Vertikalen bestimmt und von den rundförmigen Bepflanzungen, deren Farben sich in den Wolken spiegeln. Steigt man aber die Treppe hinauf, tut sich

ahkerat suomalaiset yrittävät ainakin ponnekkaasti ottaa selvää mitä muualla maailmassa tapahtuu. Pienen maan pienen pääkaupungin merkkirakennukset eivät pursuile hallitsijasukujen taideaarteita, kultaa tai timantteja, mutta ne kätkevät suojiinsa mielenkiintoisia kokoelmia tämän maailmankolkan historiaa, kirjallisuutta ja tiedonvälitystä.

gant, men på närmare håll naivt äkta och öppenhjärtig stad. Dess ringa ålder kommer till synes däri, att invånarna inte alltid vet hur de skall hälsa den som kommer från en annan kultur. Men de strävsamma finländarna gör åtminstone energiska försök att ta reda på vad som händer på andra håll i världen. De namnkunniga byggnader som finns i en liten huvudstad i ett litet land svämmar inte över av härskardynastiers konstskatter, guld och diamanter, men de rymmer intressanta samlingar som belyser den här ändans av världen historia, litteratur och informationsförmedling.

is revealed in all its splendour.

Helsinki has harmonious proportions; from a distance the city might appear elegantly cool, but on a closer look it is spontaneously genuine and unreserved. The youth of the city is revealed by the fact that its inhabitants are not always sure how to welcome people from other cultures, but the diligent Finns do, however, try their best to keep up with events abroad. The most noteworthy buildings of this, the small capital of a small country, may not be overflowing with art treasures of ruling families or with gold and diamonds, but they do contain fascinating collections displaying the history, literature and communications of this part of the world.

In its own unique, shyly proud way, Hel-

die ganze sonnengebadete Meerlandschaft, in die die Halbinsel Helsinki gebettet ist, in all ihrer Pracht auf.

Von weitem erscheint Helsinki mit seinen harmonischen Proportionen stilvoll kühl, aber aus der Nähe gesehen ist es kindlich echt und offenherzig. Von der Jugend der Stadt zeugt, daß ihre Bewohner nicht immer wissen, wie sie Menschen aus anderen Kulturen begrüßen sollen. Aber fleißig, wie sie sind, versuchen die Finnen dennoch herauszukriegen, was in der Welt vor sich geht. Die Prachtbauten der kleinen Hauptstadt dieses kleinen Landes quellen nicht über von Kunstschätzen vergangener Dynastien, Gold und Diamanten, aber sie bergen in ihren Mauern interessante Sammlungen aus Geschichte, Literatur und Medien dieser Weltecke.

sinki illustrates the fact that Finland has learnt to survive and prosper at the meeting point of several cultures.

Auf seine eigene, schüchtern-stolze Art berichtet Helsinki, daβ Finnland gezwungen ist, am Kreuzungspunkt vieler Kulturen zu leben, und zu leben und überleben gelernt hat.

Meri ympäröi Helsinkiä kolmesta ilmansuunnasta. Sen suojaisiin poukamiin rakennettiin 1600-luvulla muutamia kymmeniä tehtaita, varastoja ja lastauspaikkoja.

Havet omger Helsingfors i tre väderstreck. Vid dess skyddade vikar anlades på 1600-talet några tiotal manufakturer, upplag och lastningsplatser.

Neljässä vuosisadassa pieni idänkaupan satama on kasvanut lähes puolen miljoonan asukkaan kulttuuri- ja teollisuuskaupungiksi, josta on nopeat matkustusyhteydet kaikkiin maailman kolkkiin.

På fyra århundraden har den lilla hamnen för handel österut vuxit till en kultur- och industristad med inemot en halv miljon invånare, vilken har goda förbindelser med alla hörn av världen.

Within four centuries this small harbour devoted to eastern trade has grown into a cultural and industrial centre of almost half a million inhabitants with fast connections to all corners of the earth.

Innerhalb von vier Jahrhunderten ist aus dem kleinen schwedischen Osthandelshafen eine Kultur- und Industriestadt hervorgewachsen, von dem gute Reiseverbindungen in alle Teile des Landes führen.

Helsinki is bordered by the sea on three sides. In the seventeenth century several dozen factories, warehouses and loading areas were built in sheltered coves.

Helsinki ist in drei Himmelsrichtungen vom Meer umgeben. In seinen geschützten Buchten entstanden im 17. Jahrhundert ein paar Dutzend Fabriken, Lager und Ladeplätze.

Tämän päivän helsinki-
läiselle ja pääkaupun-
gin vieraalle meri tar-
joaa ennen kaikkea
elämän laatua: uima-
rantoja, purjehdusret-
kiä, kaloja kevyeksi
suuhunpantavaksi.

För dagens helsingfor-
sare och för huvudsta-
dens besökare innebär
havet framför allt livs-
kvalitet: badstränder,
segelfärder, fisk som
lätt mellanmål.

For the modern in-
habitant of Helsinki
and for the visitor to
the city the sea offers,
above all, quality of
life: beaches, sailing
trips and light titbits
made from fish.

Für den Finnen wie für
den Fremden bedeutet
das Meer heute in er-
ster Linie Lebensquali-
tät: Badestrände, Se-
gelausflüge, Fisch als
leichter Imbiß.

Haluatko haistella suomalaisen lehtometsän tuoksua Lehtisaaressa, vain kivenheiton päässä kaupungin ydinkeskustasta?

Vill du inandas doften av en finsk lundskog på Lövö, endast ett stenkast från stadens city?

Would you like to inhale the aroma of Finnish deciduous woodland on the island of Lehtisaari, just a stone's throw away from the city centre?

Haben Sie Lust auf einen duftenden finnischen Laubwald, auf Lehtisaari, einen Steinwurf vom Zentrum der Stadt entfernt?

Tai nähdä antiikin kreikkalaisten pohjoisten seuraajien kisailua vuonna 1938 rakennetulla stadionilla? Yleisurheilijoita paremmin maailmalla tunnetaan nykyisin suomalaiset autoilijat, mäkihyppääjät tai vaikkapa jääkiekkoilijat, mutta stadionin tunnelma ei hevin haihdu.

Eller skåda de antika grekernas nordiska efterföljare i aktion på det år 1938 uppförda Olympiastadion? Finländska bilförare, backhoppare och t.o.m. ishockeyspelare är i dag mer kända ute i världen än friidrottarna, men stämningen på stadion är något som inte förflyktigas i en hast.

Or watch the sports events of the northern heirs to the ancient Greeks in the Olympic Stadium completed in 1938? Nowadays Finnish drivers, ski jumpers and even ice hockey players are better known, internationally, than Finland's athletes, but the stadium has retained its special atmosphere.

Oder wollen Sie im Olympiastadion Jahrgang 1938 die Nachfolger der alten Hellenen kämpfen sehen? Besser als finnische Leichtatheten kennt man in der Welt heute finnische Rallyefahrer, Skispringer oder Eishockeyspieler, aber die Stimmung im Stadion ist immer dieselbe.

Vai etsitkö häivähdystä
suurkaupungista? Ete-
lärannalleen betonisen
ilmeen saanut työläis-
kaupunginosa on arki-
sesti Hakaniemi.

Eller önskar du se en
glimt av en storstad?
Arbetarstadsdelen vars
södra strand slagits i
betong bär det vardag-
liga namnet Hagnäs.

Or are you looking for
something more met-
ropolitan? The name
of the working-class
quarter, whose south-
ern shore is dominated
by conrete, is simply
Hakaniemi, which
means "foreland of
pasture".

Oder suchen Sie einen
Hauch von Großstadt?
Trotz Betonfassaden
am südlichen Ufer ist
Hakaniemi traditionell
Arbeiterstadtteil.

Osaatko hakea yhtä suomalaisten parhaista anti-mista? Suomalainen musiikki, klassinen tai moderni, on tutustumisen arvoista. Helsingin suurin konsert-tikeskus, arkkitehti Alvar Aallon suunnittelema Fin-landia-talo, löytyy aivan rautatieaseman tuntumasta.

Känner du till en av landets främsta tillgångar? Finsk musik, klassisk eller modern, är värd att stifta bekantskap med. Det största konsertcentret i Hel-singfors, det enligt ritningar av Alvar Aalto uppför-da Finlandia-huset, ligger alldeles invid järnvägssta-tionen.

Are you looking for one of Finland's finest pro-ducts? It is well worth getting to know Finnish music, whether classical or modern. Helsinki's largest concert centre, the Finlandia Hall, design-ed by Alvar Aalto, is to be found near to the railway station.

Wollen Sie etwas vom Besten, was die Finnen zu bieten haben? Die finnische Musik, klassisch oder modern, lohnt sich kennenzulernen. Helsinkis größ-tes Konzertzentrum, Alvar Aaltos Finlandiahaus, liegt gleich hinterm Hauptbahnhof.

Kaupungin talvipuu-
tarhassa trooppiset
kukkalajit ovat suojas-
sa viimalta ja pakkasel-
ta. Kesäaikaan pihan
istutukset eivät häpeile
eteläisten sukulaisten-
sa edessä.

I stadens vinter-
trädgård befinner sig
de tropiska blomster-
arterna i skydd för
vind och köld. Som-
martid tål planterin-
garna väl en jämförelse
med motsvarigheter i
sydligare nejder.

In the city's green-
houses tropical plants
are sheltered from
wind and frost. During
the summer the
flowers planted outside
are fully equal to their
relatives in southern
countries.

Im städtischen Ge-
wächshaus sind tropi-
sche Arten vor Wind
und Frost geschützt.
Im Sommer brauchen
sich die Bepflanzungen
im Garten draußen vor
südlicheren Konkur-
renten nicht zu schämen.

Useimpia Helsingin
puistoja kuvaavat laa-
tusanat pieni, selkeälin-
jainen, viehättävä. Kes-
kustan kävelyreiteiltä
avautuu näkymä aivan
Helsingin ytimeen kur-
kottavalle merenpou-
kamalle, Töölönlahdelle.

De flesta av Helsing-
fors parker kan ges
epiteten liten, rätlinig,
förtjusande. Från
promenaderna i cen-
trum öppnar sig en ut-
sikt mot Tölöviken, en
havsvik som tränger
ända in i stadskärnan.

Many of Helsinki's
parks might be de-
scribed by the words
small, straightforward
and charming. While
walking one can catch
a glimpse of Töölön-
lahti Bay, which is a
branch of the sea reac-
hing right into the
centre of the city.

Attribute wie klein,
klar, anziehend treffen
für viele Parks in Hel-
sinki zu. Von den Pro-
menaden im Zentrum
öffnet sich die Sicht auf
die Töölöbucht, einen
Meeresarm, der tief in
die Stadt hineinreicht.

Helteellä helsinkiläiset rakastavat ulkoterasseja ja muovimukista tarjottua olutta — puolilämpimänäkin verratonta.

Då det är hett älskar helsingforsarna att sitta på uteserveringar och dricka öl ur plastmuggar — också halvljummet.

During hot weather the people of Helsinki love outdoor terraces and beer served in plastic mugs, unbeatable even when lukewarm.

Im heißen Sommer lieben die Helsinkier ihre Freiluftcafés und ihren Becher kühles Bier.

Hakaniemen torilla voi onnistua tapaamaan kantasuomalaisen. Hän tarjoaa vieraalle höyrytettyä makkaraa ja kermakahvia, murahtaa ystävällisesti ja luikauttaa kaupanpäällisiksi hanurillaan korvia raastavan valssinpätkän.

På Hagnäs torg kan man om man har tur träffa på en finsk inföding. Han bjuder gästen på ångkokt korv och kaffe med grädde, muttrar vänligt och avrundar det hela med en öronbedövande valsstump på dragspel.

In the market in Hakaniemi Square one can meet the prototypical Finn, who offers the visitor steamed sausage and coffee with cream, growls in a friendly manner and, into the bargain, squeezes out of his accordion an excruciating fragment of a waltz.

Auf der Hakaniemi Markt kann man noch auf den Urfinnen stoßen. Er verkauft dir heiße Wurst oder Kaffee mit Sahne, brummt freundlich und entlockt darüberhinaus seinem Akkordeon eine Walzermelodie.

Suomen vanhin huvi-
puisto juhli äskettäin
40-vuotispäiviään. Las-
ten kieppuessa laitteis-
sa vanhemmat voivat
tutustua suomalaiseen
musiikkiviihteeseen
Linnanmäen Peacoc-
kissa.

Keskustan suuret kirjakaupat ja pienet antikvariaatit ovat aarreaittoja asiakkaalle, joka osaa pyytää palvelua. Piipahtajaltakaan ei jää huomaamatta kirjojen huoliteltu ulkoasu. Aina varmoja Suomen-tuliaisia ovat esimerkiksi kansainvälisesti arvostetut lastenkirjat.

De stora bokhandlarna i centrum och små antikvariska bokhandlar är guldgruvor för den som förmår kräva service. Inte ens vid ett blixtbesök kan man undgå att lägga märke till böckernas högklassiga utstyrsel. Alltid välkomna gåvor från Finlands-resan är t.ex. de internationellt uppskattade barnböckerna.

The large bookshops and small second-hand bookshops in the city centre are treasure-houses for the customer who asks for service. Even someone just glancing around cannot help noticing the handsome appearance of the books. Children's books, internationally acclaimed, are always foolproof presents from Finland.

Die großen Buchhandlungen und kleinen Antiquariate im Zentrum sind Schatzkammern für den anspruchsvollen Kunden. Auch dem Zufallsbesucher entgeht nicht die sorgfältige Gestaltung hiesiger Bücher. Beliebte Mitbringsel aus Finnland sind zum Beispiel die auch international geschätzen finnischen Kinderbücher.

Finlands äldsta nöjespark firade nyss sin 40-årsdag. Medan barnen hänger i olika apparater kan de något äldre bekanta sig med Peacock-teaterns finska musikunderhållning på Borgbacken.

Linnanmäki, the oldest amusement park in Finland, recently celebrated its fortieth anniversary. While the children are spinning around in one of the amusements, parents can enjoy some Finnish light music in the Peacock Variety Show.

Finnlands ältester Vergnügungspark wurde kürzlich 40 Jahre. Wenn die Kinder sich an Karusellen und anderen Geräten vergnü-gen, lassen die Erwachsenen sich im Peacock musikalisch unterhalten.

Menneisyys on Helsingissä lähellä. Edesmenneen presidentti Urho Kekkosen kodista Tamminiemestä lähtee kävelysilta Seurasaareen...

... jossa on esillä suomalaista asutusta vain muutamien satojen vuosien takaa.

Det förgångna är aldrig långt borta i Helsingfors. Från den bortgångne presidenten Urho Kekkonens hem på Ekudden leder en gångbro till Fölisön...

...där man har samlat finländsk bebyggelse från några århundraden.

In Helsinki the past is nearby. From Tamminiemi, the home of the late president Urho Kekkonen, a pedestrian bridge leads to Seurasaari Island...

...where Finnish dwellings dating from the last few centuries are on show.

In Helsinki ist die Vergangenheit nicht weit weg. Von Tamminiemi, wo die Villa des ehemaligen Präsidenten Kekkonen steht, führt eine Fußgängerbrücke nach Seurasaari...

...wo man sieht, wie die Finnen in vergangenen Jahrhunderten gelebt und gewohnt haben.

Ruotsalaisten 1700-luvulla rakentama Sveaborg, sittemmin Suomenlinna, joutui antautumaan venäläisille. Valtapolitiikan jaloissa suomalaisten talonpoikien halu puolustaa maataan kasvoi…
… mutta Suomi ei ole lopultakaan saanut itsenäisyyttään aseilla.

Sveaborg, som anlades på 1700-talet under svenska tiden, fick sträcka vapen för ryssarna. Under intryck av maktspelet i storpolitiken växte de finska böndernas lust att försvara landet…
…men Finlands självständighet uppnåddes slutligen inte med vapenmakt.

The fortress of Sveaborg, later called Suomenlinna, was built by the Swedes in the eighteenth century but was later forced to surrender to the Russians. Trampled by power politics, the Finnish peasants' desire to defend their country grew…
…although in the event Finland did not achieve her independence by armed force.

Im 18. Jahrhundert bauten die Schweden Sveaborg (Schwedenburg), das später dann Suomenlinna (Finnenburg) getauft wurde. Das Bollwerk gegen Osten fiel den Russen kampflos in die Hände. Im Schatten der Großmachtpolitik erstarkte der Wille der finnischen Bauern, ihr Land zu verteidigen…
…aber letzten Endes erkämpfte sich Finnland seine Unabhängigkeit nicht mit der Waffe in der Hand.

Vuonna 1917 tapahtunutta itsenäistymistä pohjusti kahden Venäjän keisarin rauhantahtoinen kehittämispolitiikka.

Den fredliga utvecklingen under två ryska kejsare lade grunden till den självständighet som blev verklighet 1917.

The policy of peaceful development advanced by two Russian czars laid the foundation for independence in 1917.

Der finnischen Unabhängigkeit 1917 voraus ging die friedliche Entwicklungspolitik zweier russischer Kaiser.

Vaatimaton ja sitkeä kansa...

Ett anspråkslöst och uthålligt folk...

The modest and tenacious nation...

Das anspruchslose und zähe finnische Volk...

... oppi lukemaan ja kirjoittamaan omaa äidinkieltään.

...lärde sig att läsa och skriva modersmålet.

...learned to read and write its own language.

...lernte dié eigene Muttersprache lesen und schreiben.

Suomeen kasvoi sivistyneistö, joka tiesi miten astua itsenäisen maan ohjaksiin.

Finland fick en intelligentia, som hade förmågan att fatta tyglarna.

A Finnish educated class grew up which was able to assume the reins of the newly independent country.

In Finnland wuchs eine Intelligenz heran, die fähig war, das Ruder des selbständigen Landes zu ergreifen.

Esplanadi, puistokatu, on paikka, jossa juhlitaan yhtä aikaa menneisyyttä, nykyisyyttä ja tulevaisuutta.

Esplanaden, parkgatan, är platsen där det förgångna, det nuvarande och det kommande hyllas på samma gång.

In the Esplanade Park the past, present and future are all celebrated at the same time.

Die Esplanade ist die Allee im Herzen der Stadt, auf der Helsinki Vergangenheit, Gegenwart und Zukunft in einem feiert.

Kansanlaulun sävelet kutsuvat yhä esiin talonpoikaisyhteiskunnan perushaikeuden…

Folkvisans toner förmår fortfarande locka fram grundmelankolin i bondesamhället…

The sound of folk music still arouses nostalgia for a peasant society…

Finnische Volksmelodien, und die Grundmelancholie einer im Bäuerlichen verankerten Gesellschaft kommt zum Durchbruch…

... eikä sitä ole helppoa saada häviämään lauluista, vaikka vahvistintekniikka antaa mahdollisuudet yhä kovempaan menoon.

...och det är inte lätt att avlägsna den ur sångerna, även om förstärkartekniken möjliggör en ljudstyrka om inte är av denna världen.

...which is not easily eliminated from songs even though amplification has made them louder and louder.

...und sie ist diesen Liedern schwer auszutreiben, auch wenn elektronische Verstärker heute einen wesentlich stärkeren Phonpegel ermöglichen.

Ehkäpä suomalaisten ruotsinkielinen kansallisrunoilija J.L. Runeberg Esplanadia katsellessaan aavistaa, millaisia synnytystuskia vaati, että Helsingin saksalaiset, venäläiset sekä ruotsalaiset asukkaat ja Suomen eri heimojen edustajat hioutuivat yhden kaupungin asukkaiksi. Mutta patsaiden ei ole tapana puhua.

Kanske anar Finlands svenskspråkige nationalskald J.L. Runeberg då han blickar ut över Esplanaden vilka födslovåndor som krävdes för att sammansmälta de tyska, ryska och svenska inbyggarna i Helsingfors med representanter för olika finska stammar till invånare i samma stad. Men statyer brukar ju inte tala.

Perhaps the Swedish-language national poet, J.L. Runeberg, while gazing along the Esplanade, has a notion of the labour pains involved when the German, Russian and Swedish inhabitants of Helsinki, together with representatives of the various Finnish tribes, merged together to make up the population of one city. But statues are not in the habit of speaking.

Vielleicht kann J.L. Runeberg, der schwedischsprachige Nationaldichter der Finnen, ahnen, welcher Geburtswehen es bedurfte, bis aus Helsinkis Deutschen, Russen und Schweden und den Finnen verschiedener Stämme Einwohner einer gemeinsamen Stadt wurden. Aber Standbilder pflegen nicht zu reden.

Arkkitehti Eliel Saarinen suunnitteli suomalaisen jugendtyylin kukoistus-vuosina helsinkiläisille komean rautatieaseman. Uudet aatteet ja asenteet, tervetuloa Helsinkiin!

Arkitekten Eliel Saarinen projekterade en ståtlig järnvägsstation åt helsingforsarna under den finska jugendstilens guldålder. Nya idéer och attityder, välkomna till Helsingfors!

In the heyday of the Finnish national romantic style architect Eliel Saarinen designed a handsome railway station for the people of Helsinki. New principles and outlooks — welcome to Helsinki!

Der Jugendstil stand in Blüte, als Eliel Saarinen den Helsinkiern ihren großartigen Bahnhof baute. Neue Vorstellungen und Ideen, willkommen nach Helsinki!

Suomalaiseen huumorin-tajuun kuuluu, että ydin-keskustan vapaa-ajan palvelut, ostoskeskukset, elokuvateatterit ja kahvilat, ovat ryhmittäy-tyneet työn muistomer-kin ympärille.

Ett utslag av den finska humorn är, att fritids-tjänsterna i city, varuhus, biografer och ka-féer, har grupperat sig kring ett monument till arbetets ära.

It is typical of the Finnish sense of humour that the leisure time services, the shopping centres, cinemas and cafés, are clustered around the monument dedicated to labour.

Ist es ein Ausdruck des finnischen Humors, daß sich im Zentrum der Stadt Cafés und Kinos, Kaufhäuser und Dienst-leistungsbetriebe um ein Monument der Arbeit gruppieren?

Joka vuosi toukokuun ensimmäisenä päivänä suomalaiset järjestävät juhlan suomalaisen työn kunniaksi.

På första maj anordnar finländarna varje år en fest till det finländska arbetets ära.

Every year, on May Day, the Finns celebrate Labour Day.

Jedes Jahres zum ersten Mai veranstalten die Finnen ein Fest zu Ehren der finnischen Arbeit.

Arkena kansanviisaus uhmaa juhlapuheita. "Hullu paljon töitä tekee, viisas pääsee vähemmällä."

Till vardags utmanar folkets visdom festtalen. "Galen är den som arbetar hårt, den vise kommer lättare undan."

On working days popular wisdom counts for more than fine speeches: "Fools work hard, the wise cope with less."

Werktags trotzt die Volksweisheit den Festreden. "Der Verrückte schuftet, der Weise schafft's mit weniger."

Runoilija Eino Leino kaipasi Suomeen hengen jättiläisiä, lahjakkaita ja sivistyneitä ihmisiä. Korkeatasoinen koulutusjärjestelmä takaa uusille sukupolville entistä paremman ammattitaidon...

Skalden Eino Leino önskade se Finland uppfyllt av andens stormän, begåvat och bildat folk. Ett högklassigt utbildningssystem skänker nya generationer bättre yrkeskunskap än tidigare...

The poet Eino Leino wished for giants of the spirit, gifted and cultured people, in Finland. An education system of high standard assures the coming generations an even better training...

Der Dichter Eino Leino sehnte sich für Finnland nach Giganten des Geistes, begabten und gebildeten Menschen. Ein gutes Ausbildungssystem gibt neuen Generationen immer bessere Fähigkeiten...

... mutta suomalaisen yhteiskunnan rakennemuutos on ollut poikkeuksellisen nopea. Sadattuhannet suomalaiset muuttivat parin vuosikymmenen aikana uuteen ammattiin maalta kaupunkiin. Joutuminen pois tutusta työstä ja asuinympäristöstä on saanut monet hämmennyksen valtaan.

...men strukturomvandlingen inom det finländska samhället har varit snabbare än på de flesta andra håll. Under loppet av några årtionden flyttade hundratusentals finländare till staden och fick ett nytt yrke. Att tvingas överge sitt gamla arbete och den invanda miljön skapade alienation hos mången.

...but structural changes within Finnish society have taken place at an exceptional speed. Within the space of a few decades hundreds of thousands of Finns have moved from the countryside into the cities and to new professions. The move away from a familiar job and environment has disoriented many.

...aber die strukturelle Veränderung der finnischen Gesellschaft ist außergewöhnlich schnell geschehen. Innerhalb von nur zwei Jahrzehnten zogen Hunderttausende vom Land in die Stadt und zu neuen Berufen. Die Entfremdung von gewohnter Arbeit und gewohnter Umgebung schaffte bei manch einem Verwirrung.

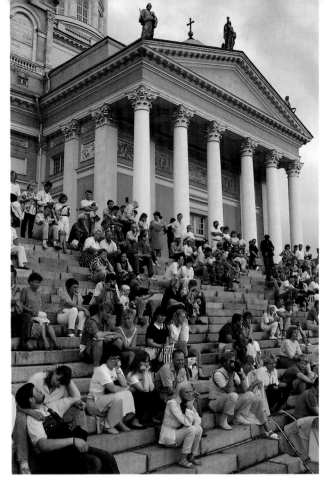

Helsinkiläisillä on jälleen kerran edessään matka uudenlaiseen Eurooppaan.

The people of Helsinki have ahead of them, once more, a journey into a new sort of Europe.

Helsingforsarna står åter inför färden till ett nytt Europa.

Dem Helsinkier steht wieder einmal eine Reise in ein neues Europa bevor.

Vanha sukupolvi opetettiin kunnioittamaan kotia, kirkkoa ja isänmaata. Mutta vanhat aatteet ja valtioiden rajat näyttävät menettävän yhä nopeammin merkitystään.

Den äldre generationen fostrades att högakta hem, kyrka och fosterland. Men gamla föreställningar och statsgränser förefaller att suddas ut allt snabbare.

The older generation was taught to respect home, church and country. But old ideas, as well as the borders between countries, seem to be losing their significance at an ever increasing rate.

Die alte Generation war in Ehrfurcht vor Familie, Kirche und Vaterland erzogen. Aber alte Ideen und nationale Grenzen scheinen zusehends an Bedeutung zu verlieren.

Haluatko katsella pur-
jelaivojen värikästä
tanssia, kauppatorin
ihmisvirtoja, presiden-
tinlinnaa ja sen takana
häämöttäviä kesälomai-
levia jäänmurtajia? Kii-
peä Tähtitorninmäelle
tai istuudu vastapäisen
ravintolan terassille.

Vill du beundra segel-
fartygens färgrika dans,
människoströmmarna
på Salutorget och pre-
sidentens slott med
sommarförankrade is-
brytare i bakgrunden?
Kliv då upp på Obser-
vatoriebacken eller ta
plats på terrassen på
restaurangen mitte-
mot.

Do you want a view of
the colourful dance of
yachts, of the crowds
of people in the Market
Square, and of the Presi-
dential Palace with the
ice-breakers on their
summer holiday which
can be glimpsed behind
it? Climb up the Obser-
vatory Hill or take a
seat on the terrace of
the restaurant opposite.

Was wollen Sie sehen?
Den farbigen Tanz der
Segelschiffe, das Men-
schengewimmel auf
dem Markt, das Palais
des Präsidenten mit
den Eisbrechern in
Sommerruhe dahinter?
Wollen Sie auf den
Observatorienberg
steigen oder sich auf
die Restaurantterrasse
gegenüber setzen?

Söker du smala gränder som vidgar sig till ett torg, spårvagnars skarpa gnisslingar som blandar sig med det dämpade ljudet av marknadsmånglares rop? Kom och bevista ett evenemang på Senatstorget.

Are you looking for narrow alleys which open out into the expanse of the market or the sharp screeching sound of the trams which merges softly into the cries of the sellers? Come to the Senate Square.

Etsitkö kapeita kujia jotka avautuvat torin avaruudeksi, raitiovaunujen teräviä kirskahduksia jotka sekoittuvat pehmeinä ääntyviin markkinahuutoihin? Tule tapahtumaan Senaatintorille.

Suchen Sie die engen Gassen, die auf die Weite des Marktes führen, das scharfe Knirschen der Straßenbahnen, das sich mit dem Marktgeschrei mischt? Dann kommen Sie auf den Senatsplatz.

Vastakohdat kohtaavat toisensa lukemattomissa yksityiskohdissa.

Opposites meet each other in innumerable details.

Motsatserna bryts mot varandra i otaliga detaljer.

In zahllosen Details stoßen die Gegensätze aufeinander.

Liikkumaton ja liikkuja Kauppatorilla.

The motionless and the mobile in the Market Square.

Orörligt och rörligt på Salutorget.

Unbeweglich und Beweglich auf dem Marktplatz.

Elävä ja kuollut puu
Seurasaaressa.

Trä i levande och dött
tillstånd på Fölisön.

A living tree and wood
on Seurasaari Island.

Gesunder und toter
Baum auf Seurasaari.

Pimeys ja valo Timo ja
Tuomo Suomalaisen
suunnittelemassa
Temppeliaukion kir-
kossa.

Mörker och ljus i den
av Timo och Tuomo
Suomalainen projekte-
rade Tempelkyrkan.

Light and dark in the
Temppeliaukio Church
designed by Timo and
Tuomo Suomalainen.

Dunkel und Licht in
der Felsenkirche auf
dem Tempelplatz von
Timo und Tuomo
Suomalainen.

Selkeät, suorat linjat
taivaansinisessä ja han-
genvalkoisessa lipus-
sa...

Klara, raka linjer på fa-
nan i himmelsblått och
snövitt...

The clear, straight lines
of the sky-blue and
snow-white flag...

Klare, gerade Linien in
der himmelblauen und
schneeweißen Fahne...

Suurimmat kauppa-keskukset ovat nuoria, vasta viime vuosikym-menen aikana raken-nettuja.

De största köpcentre-na är av ungt datum, uppförda så sent som under förra årtiondet.

The largest shopping centres are new, built during the last decade.

Die größten Ein-kaufszentren sind noch jung, erst in den letz-ten Jahrzehnten ent-standen.

...a arjen piirtämä ...reys suomalaisten ...n sankareiden kas-...a.

...ch av vardagen ...pterad rondör i ...finska arbetets ...tars anleten.

...and the roundness drawn by everyday life on the faces of the hero-ines of Finnish work.

...und vom Alltag ge-zeichnete Rundungen in den Gesichtern der finnischen Helden der Arbeit.

Suomalaiset huoneka-lut, lasiesineet, kan-kaat, neuleet par-haimmillaan. Muotoilu on konstailematonta ja materiaalit aitoja. Tuotteet on tehty käytettäviksi.

Finska möbler, glasfö-remål, textiler och tri-kåvaror när de är som bäst. Formgivningen är okomplicerad och ma-terialen äkta. Produk-terna är gjorda att an-vändas.

Finnish furniture, glassware, fabrics and knitwear at their best. The design is straight-forward and the ma-terials are genuine. The products are made to be used.

Finnische Möbel, finni-sches Glas, Textilien, Strickwaren von bester Qualität. Ungekünstel-te Formgebung und echte Materialien. Ge-macht zum Gebrauch.

Käsityöläiset muok-
kaavat luonnon raaka-
aineita…

… toiset saavat tuo-
teideansakin suoraan
luonnosta.

Hantverkare utformar
råvaror tagna ur natu-
ren…

…medan andra hämtar
själva produktidén ur
naturen.

Some craftsmen trans-
form natural raw
materials…

…while others get
their ideas from
nature.

Die einen arbeiten mit
natürlichen Roh-
stoffen…

…die anderen holen
auch ihre Ideen direkt
aus der Natur.

Jokaisella on oma käsi-
tyksensä tyylikkyydestä.

Var och en har sin
egen uppfattning om
vad som är smakfullt.

Everyone has their
own idea of style.

Jeder hat seine eigene
Vorstellung von Stil.

Helsingistä saa mitä
tahansa, halvallakin, jos
osaa etsiä.

I Helsingfors står vad
som helst att få, t.o.m.
för en ringa penning,
om man vet var man
ska leta.

You can find anything
in Helsinki, and cheap-
ly, too, if you shop
around.

In Helsinki findet man
alles, sogar preiswert,
wenn man nur sucht.

Valoisan kesän ja pimeän talven ero ei ole Helsingissä yhtä jyrkkä kuin Pohjois-Suomessa, mutta valon vaikutus pääkaupungin elämänmenoon on valtava.

Skillnaden mellan sommarljus och vintermörker är inte lika skarp som i norra Finland, men ljuset har en enorm inverkan på livet i staden.

The difference between the bright summer and the dark winter is not as pronounced as in northern Finland, but the influence of light on the life of the capital is nonetheless considerable.

Der Unterschied zwischen hellem Sommer und dunklem Winter ist in Helsinki nicht so kraß wie im Norden Finnlands, aber der Einfluß des Lichts auf das Leben der Hauptstadt ist enorm.

Valo saa helsinkiläiset liikkeelle.

Ljuset sätter helsing- forsarna i rörelse.

Light enlivens the people of Helsinki.

Das Licht bringt die Helsinkier auf die Beine.

Elokuussa ihmiset ke-
rääntyvät ulkoilma-
konsertteihin säilöäk-
seen viimeisten kesä-
päivien tunnelman pit-
kän, pimeän talven va-
ralle.

I augusti besöker folk
utomhuskonserter för
att konservera de sista
sommardagarnas
stämning med tanke
på den långa, mörka
vintern.

During August people
crowd to open-air
concerts in order to
conserve the flavour of
the last summer days
in readiness for the
long, dark winter.

Im August strömen die
Menschen zu den Frei-
luftkonzerten. Sie wol-
len die Stimmung der
letzten Sommertage
für den langen, dunklen
Winter bewahren.

Valon voittokulku alkaa viimeistään toukokuussa, kun yöttömän yön juhlaan, juhannukseen on aikaa vain seitsemän viikkoa.

Light's triumphal procession begins, at the latest, in May, when there are only eight weeks before Midsummer, the festival of the night without darkness.

Ljusets segertåg inleds senast i maj, då det är endast åtta veckor kvar till midsommar, den natt då solen aldrig går ner.

Der Siegeszug des Lichts setzt spätestens im Mai ein, nur wenige Wochen sind es bis Mittsommer, dem Fest der Nachtlosen Nacht.

Kesäkuukaudet tuovat Helsinkiin kymmeniä tuhansia matkailijoita.

The summer months bring tens of thousands of travellers to Helsinki.

Sommarmånaderna bringar tiotusentals turister till Helsingfors.

Die Sommermonate bringen Zehntausende von Touristen nach Helsinki.

Maan suurimman koulutuskaupungin opiskelijajoukot sirottautuvat kesätöihin. Helsingin 30 000 opiskelijan yliopisto tarjoaa tehokkaita kesäkursseja jo ammattiin valmistuneille.

Studenterna i landets största skolstad sprids ut på olika sommarjobb. Helsingfors universitet, med 30 000 studerande, erbjuder effektiva sommarkurser åt dem som redan har ett yrke.

The hordes of students from the country's largest academic city disperse to summer jobs. The University of Helsinki, with its 30,000 students, also offers intensive summer courses for those who have already qualified.

In der größten Schulstadt des Landes gehen die meisten' Studenten sommers einer Arbeit nach. Die Universität mit ihren 30 000 Studenten bietet auch denen, die im Berufsleben stehen, effektive Sommerkurse an.

Heinäkuussa lomalaiset suuntaavat maalle tai vesille ja keskustan virastot tyhjenevät.

I juli styr semesterfolket kosan ut till landet eller ut på sjön, medan kontoren i centrum ligger öde.

In July holiday-makers leave for the country or take to the water, leaving the offices in the city centre empty.

Im Juli fliehen die Finnen aufs Land oder aufs Meer, und die Büros im Zentrum stehen leer.

Haluatko aavistella, miten 1800-luvun porvaristo juhli Helsingin vanhimmassa ravintolassa Kaisaniemessä?

Vill du få en aning om hur 1800-talets borgerskap roade sig på Kajsaniemi, den äldsta restaurangen i Helsingfors?

Would you like to get a sense of how the middle classes of the nineteenth century celebrated in Helsinki's oldest restaurant, Kaisaniemi?

Interessiert Sie, wie vor hundert Jahren in Helsinkis ältestem Restaurant in Kaisaniemi die Bürger der Stadt ihre Feste feierten?

Haluatko penkoa juuriamme kaupunginmuseossa?

Har du lust att leta efter våra rötter på stadsmuseet?

Would you like to dig up our roots in the Helsinki City Museum?

Haben Sie Lust, im Stadtmuseum nach unseren Wurzeln zu suchen?

Haluatko tutustua suomalaiseen kansantarustoon, miehiin jotka lauloivat toisiaan kilpaa suohon ja jotka kuvittelivat pystyvänsä liikuttamaan koko maailmaa? Tärkeimmät kulttuurinähtävyydet löytyvät rautatientorin ympäriltä.

Vill du bekanta dig med de finska folksagorna, med männen som sjöng ned varandra i kärret och trodde sig kunna få hela världen att rotera? De viktigaste kultursevärdheterna påträffas kring Järnvägstorget.

Would you like to learn something about Finnish mythology: men who sang each other into a marsh in a singing match and who imagined that they could move the whole world? The most important cultural sights are to be found within the neighbourhood of the railway station.

Wollen Sie die finnische Sagenwelt kennenlernen? Die Männer, die sich um die Wette in den Sumpf sangen, und die glaubten, sie könnten die ganze Welt bewegen? Die wichtigsten Kultursehenswürdigkeiten liegen um den Bahnhofsplatz.

Suomen kielen mesta-
ri, kansalliskirjailija
Aleksis Kivi ei vielä-
kään ymmärrä miten
juuri hänet on kaikkien
epäsuosion vuosien
jälkeen päästetty kun-
niapaikalle Kansallis-
teatterin eteen.

Det finska språkets
virtuos, nationalskal-
den Aleksis Kivi, har
inte ännu fattat varför
just han efter alla år av
ringaktning har tilldelats
denna hedersplats
framför national-
teatern, Kansallisteat-
teri.

Master of the Finnish
language, national auth-
or Aleksis Kivi, still
does not understand
why it is he who has
been given the place of
honour in front of the
Finnish National
Theatre after all those
years of disfavour.

Aleksis Kivi, der Natio-
naldichter und Meister
der finnischen Sprache,
versteht immer noch
nicht, warum gerade
er, nach so vielen Jah-
ren in Ungnade, auf
den Ehrenplatz vor
dem Nationaltheater
gekommen ist.

Jos vettä ja valoa ei olisi, olisi vaikeaa nähdä mikä elämässä on todella tärkeää.

Om ljus och vatten inte funnes, vore det svårt att se vad som verkligen är viktigt i livet.

If there were no water and light it would be difficult to see what is truly important in life.

Wenn Wasser und Licht nicht wären, wäre es wirklich schwer zu sehen, was im Leben wirklich wichtig ist.

Onneksi Helsinki on va-
rannut jokaiselle asuk-
kaalleen mahdollisuuden
nauttia kesän lämmös-
tä...
... ja merituulesta.

Luckily Helsinki has all-
owed every inhabitant
the possibility of enjoying
the summer's warmth...
...and sea breezes.

Till att lycka har Helsing-
fors reserverat en möjlig-
het för varje invånare att
njuta av sommarens vär-
me...
...och av havets vindar.

Zum Glück gibt Helsinki
jedem seiner Einwohner
die Möglichkeit, die
Wärme des Sommers zu
genieβen...
...und den Seewind.

Onneksi lomalla pää-
see irti asuntoveloista,
päivähoitomaksuista ja
työpaikan vanhanaikai-
sista johtamisjärjes-
telmistä.

På semestern kan man
gudskelov frigöra sig
från bostadsskulder,
dagvårdsavgifter och
antikverade lednings-
strukturer på arbets-
platsen.

Luckily on holiday one
can leave behind
mortgages, children's
day-care payments and
the old-fashioned meth-
ods of management at
work.

Im Urlaub sind alle All-
tagssorgen weit weg,
zum Glück.

Ihminen tarvitsee
paikkoja, joissa voi
hetkeksi unohtaa arjen
yksitoikkoisuuden.

Människan behöver
ställen där man för ett
ögonblick kan glömma
vardagens tristess.

People need places
where they can forget
for a moment the mon-
otony of everyday life.

Der Mensch braucht
Orte, an denen er für
einen Augenblick die
Monotonie des Alltags
vergessen kann.

Helsingissä on vielä ai-
kaa ystävystyä...
... ja antaa asiakkaille
henkilökohtaista ja sy-
dämellistä palvelua.

I Helsingfors ger man
sig ännu tid att vinna
nya vänner...
...och ge kunderna
personlig och gemytlig
service.

In Helsinki there is still
time to make friends...
...and to serve custom-
ers in a personal and
warm-hearted way.

In Helsinki hat man
noch Zeit, Freund-
schaften zu schlies-
sen...
...und seine Kunden
individuell und herzlich
zu bedienen.

Hyvinvoinnin raken-
taminen merkitsi pit-
kään suomalaisille vain
jatkuvaa uurastusta…
…mutta monet ovat
jo huomanneet, että
on tärkeää oppia myös
nauttimaan oman
työnsä hedelmistä.

Välfärdsbygget innebar
länge endast arbete
och åter arbete…
…men mången finlän-
dare har nu upptäckt,
att man även bör lära
sig att njuta frukterna
av sitt arbete.

For a long time the
creation of prosperity
meant for the Finns
only continual hard
work…
…but many have now
noticed that it is also
important to learn to
enjoy the fruits of
one's labours.

Der Aufbau zum
Wohlstand bedeutete
für die Finnen unent-
wegtes Schuften…
…aber viele haben all-
mählich gemerkt, daß
es auch wichtig ist, die
Früchte seiner Arbeit
zu genießen.

Ortodoksisen vähem-
mistökirkon katedraa-
lin kupoli hehkuu kul-
taisena auringonpais-
teessa.

Kupolen på den orto-
doxa minoritetskyr-
kans katedral glimmar
som guld i solskenet.

The cupola of the cath-
edral of the Orthodox
minority glows like
gold in the sunshine.

Golden funkelt die
Kuppel der orthodo-
xen Uspenski-Kathe-
drale in der Sonne.

Rannikon kalastajat saapuvat joka syksy ydinkeskustan hallintorakennusten eteen, ruokkimaan kaupunkilaisserkkujaan suutarinlohella ja maustekalalla.

The fishermen from around the coast arrive every autumn in front of the central administrative buildings in order to feed their city cousins with pickled fish and "cobbler's salmon".

Kustens fiskare lägger varje höst till framför kontoren och kanslierna i city, för att förpläga stadskusinerna med skomakarlax och kryddfisk.

Die Fischer von der Küste legen jeden Herbst vor den Amtsgebäuden des Zentrums an, um ihre Vettern in der Stadt mit den Delikatessen des Meeres zu versorgen.

Eri elinkeinojen harjoitta-
jat kohtaavat, katsovat
toisiaan oudoksuen, mut-
ta suostuvat silti samaksi
kansaksi.

Företrädare för olika nä-
ringar möts, betraktar
varandra med förundran,
men accepterar trots allt
att tillhöra samma folk.

The representatives of
different trades meet,
look at each other with
suspicion, but neverthe-
less consent to be of the
same nation.

Gewerbetreibende ver-
schiedener Branchen tref-
fen aufeinander, sie be-
äugen sich fremd, aber
verbleiben dennoch ein
und dasselbe Volk.

Vesi ja valo muuttavat mahdottoman mahdolliseksi.

Ljus och vatten gör det omöjliga möjligt.

Water and light make possible the impossible.

Wasser und Licht machen das Unmögliche möglich.

Helsinki on yhä joukko tehtaita, varastoja ja lastauspaikkoja merenkävijöiden tultavaksi.

Helsingfors är fortfarande en hop fabriker, magasin och lastningsplatser som väntar på besök av sjöfarare.

Helsinki is still a collection of factories, warehouses and loading areas ready for the seafarer.

Immer noch hat Helsinki Fabriken, Lagerhäuser und Ladeplätze, von See her erreichbar.

Ajan hammas syö historiasta epäolennaisen ja nostaa esiin sen millä on käyttöä jatkossakin.

Tidens tand gnager bort det oväsentliga i historien och lyfter fram det som är av värde även med tanke på framtiden.

The ravages of time lay waste to the inessential things of history and bring to the fore that which is of use in the future.

Der Zahn der Zeit nagt das Unwesentliche von der Geschichte und hebt hervor, was auch in Zukunft verwendbar ist.

Korokkeelle rakennetusta eduskunnasta aukeaa yhä näkymä itään ja länteen, sen johtajat ovat tottuneet matkustelemaan ja haistelemaan maailman tuulia ympärillään.

Parlament uppe på sin avsats bjuder fortfarande på vyer mot öster och väster, dess ledare är erfarna färdemän med sinne för varifrån det blåser.

The Parliament Building, built on an eminence, still commands a view towards both east and west, and its leaders are used to travelling and to judging the winds blowing around them.

Vom Parlament auf seiner Höhe sieht man immer noch nach Osten und nach Westen, seine Führer sind gewohnt zu reisen und die Winde der Welt um sich zu spüren.

Presidentti odottaa
Teitä…

Presidenten väntar
Er…

The President awaits
you…

Der Präsident erwartet
Sie…

Oikeastaan koko kaupungin nimi kuulostaa ruotsinkieliseltä terveisten toivotukselta.

Egentligen låter stadens namn som en hälsning på svenska.

In fact the name of the city itself reminds one of the Swedish word for "greeting".

Der ganze Name der Stadt, die auf schwedisch Helsingfors heißt, klingt wie ein schwedischer Gruß.

"Hälsningar från Hel-
singfors!"
Terveisiä Helsingistä!

Hälsningar från Hel-
singfors!

"Hälsningar från Hel-
singfors!" — Greetings
from Helsinki!

"Hälsningar från Helsing-
fors" — Grüße aus Hel-
sinki.

Entä jos tulee päivä, jolloin laivat eivät enää saavukaan Helsinkiin?

Jos merelle laskeutuu yö ja tulevaisuus peittyy näkyvistä?

Tänk om det kommer en dag då fartygen inte längre anlöper Helsingfors!

Om mörker sänker sig över havet och skymmer framtiden?

What if there comes a day when the ships no longer arrive in Helsinki?

If night falls over the sea and the future is hidden from sight?

Und wenn der Tag kommt, an dem die Schiffe Helsinki nicht mehr erreichen?

Wenn die Nacht sich übers Meer senkt und die Zukunft verdeckt ist?

Entä jos meri jäätyy,
lopullisesti?

Än då om havet fryser
till för gott?

What if the sea
freezes over, for ever?

Und wenn das Meer
zufriert, endgültig?

Ja valo vähenee, yksin-
kertaisesti kuluu lop-
puun?

Och ljuset avtar, helt
enkelt slocknar?

And the light grows
less and is, simply, all
used up?

Und das Licht weniger
wird, ganz einfach ver-
braucht ist?

Syyskesän ilta, hetki ennen hämärää. Helsinki on vuosia onnistunut ravitsemaan asukkaansa suomalaisella tahdonvoimalla, sisulla. Ihminen voi elää onnellisena maassa, jossa hänen työtään tarvitaan ja arvostetaan.

En kväll på höstsommaren, strax före mörkrets inbrott. Helsingfors har i åratal lyckats livnära sina invånare med finsk viljestyrka, sisu. Människan kan leva lycklig i ett land som behöver och uppskattar hennes arbete.

An evening in late summer, just before dusk. For years Helsinki has been able to feed its inhabitants through sheer Finnish will-power. One can live happily in a country where one's work is needed and valued.

Spätsommerabend, kurz vor Einbruch der Dämmerung. Helsinki ist es jahrelang gelungen, seine Einwohner mit finnischer Willenskraft zu nähren. Ein Mensch lebt glücklich in einem Land, in dem seine Arbeit gebraucht und geschätzt wird.

Menneisyyden kauneimmat monumentit on rakennettu muistuttamaan uusia sukupolvia ihmisen ja luonnon liiton elintärkeydestä. Kansainvälisesti tunnetuimmaksi suomalaiseksi taiteilijaksi ylsi Jean Sibelius, joka rakensi sävellyksensä pohjoisten metsien, veden ja valon vuoropuhelusta.

De vackraste minnesmärkena över det förgångna är resta för att påminna nya generationer om det livsviktiga i förbundet mellan människan och naturen. Jean Sibelius uppnådde positionen som den internationellt mest kände finländske konstnären genom att bygga sina tonskapelser på dialogen mellan skogarna i norden, vattnet och ljuset.

The most beautiful monuments of the past have been built in order to remind new generations of the prime importance of the bond between mankind and nature. Jean Sibelius, who shaped his compositions from the dialogue between the forests, water and light of the north, became the best known Finnish artistic figure internationally.

Die schönsten Monumente der Vergangenheit sind geschaffen, auf daß sie kommenden Generationen vor Augen halten, wie lebensnotwendig der Verbund von Mensch und Natur ist. Einer der international bekanntesten Finnen war Jean Sibelius, der mit seiner Musik einen Dialog zwischen nordischen Wäldern und Wasser und Licht schuf.

93

Helsinkiläiskotien ikkunoista heijastuvat valot puhkaisevat reikiä kaamokseen. Valo moninkertaistuu vedessä, se on merkki suomalaisesta tulevaisuudenuskosta.

Ljusreflexerna från Helsingforshemmens fönster skär hål i dunklet. Ljuset mångfaldigas av vattnet, en symbol för finländsk samhällstro.

The reflected lights from the windows of homes in Helsinki pierce holes in the winter darkness. In the water the light is multiplied and symbolises the Finnish belief in the future.

Lichter, die sich in Helsinkis Fenstern spiegeln, durchbrechen die Polarnacht. Das Licht multipliziert sich im Wasser, ein Zeichen für den Zukunftsglauben der Finnen.

94

KUVIEN SELITYKSIÄ • BILDFÖRKLARINGAR • PHOTOGRAPHS • BILDVERZEICHNIS